# 月亮訊息
## 神諭卡

**雅思敏・伯蘭**（Yasmin Boland）/ 著
亞莉・維米里歐（Ali Vermilio）/ 繪・林惠敏 / 譯

# 目錄

**歡迎**        **1**

一切取決於直覺        3

本牌組的牌魂        3

這些牌卡能為你帶來什麼幫助？        6

**如何使用這副牌**        **8**

抽單張牌        10

如果不喜歡自己抽到的牌，該怎麼辦？        13

為他人解讀        14

該讓別人碰這些牌嗎？        16

淨化牌卡        17

**牌卡的解釋**        **19**

血月        20

冷月        22

暗月        24

月亮的陰暗面        26

白晝之月        28

月亮入廟　　　　30

降月　　　　32

月亮入旺　　　　34

殞落之月　　　　36

追隨月亮　　　　38

滿月　　　　40

療癒之月　　　　42

對月嚎叫　　　　44

月亮光線　　　　46

月亮召喚　　　　48

月亮圈　　　　50

月亮週期　　　　52

月亮之舞　　　　54

月光花　　　　56

月亮女神　　　　58

月亮落陷　　　　60

月光　　　　62

月光小夜曲　　　　64

月色　　　　66

月之癲狂　　　　68

月亮魔法　　　　70

月之掌控　　　　72

月之或許　　　　74

月亮回憶　　　　76

月出　　　　　　　　　78

月亮升起　　　　　　80

月沒　　　　　　　　82

對月空談　　　　　　84

月亮時刻　　　　　　86

月亮的倒影　　　　　88

月光石　　　　　　　90

月色撩人　　　　　　92

月亮的智慧　　　　　94

新月　　　　　　　　96

夜月　　　　　　　　98

出界月亮　　　　　100

變幻莫測之月　　　102

摘月　　　　　　　104

月暈　　　　　　　106

與月亮對話　　　　108

月空　　　　　　　110

陽月　　　　　　　112

陰月　　　　　　　114


**藝術家介紹**　　　**117**

**作者介紹**　　　　**119**

# 歡迎

你準備好接收來自月亮的訊息了嗎？如果你正在閱讀這段文字，那你應該已經準備好了！

月亮是一顆神奇而神聖的衛星，她圍繞著地球旋轉，讓我們安全地在軌道上運行。少了月亮，我們的季節、晝夜長短都會隨之失控。我們需要月亮！

數千年來，太陽被大多數人視為男性或陽性，而月亮則被視為柔軟、女性或陰性。這意味著什麼？儘管耀眼的太陽閃閃發光，而且會朝你迎面而來（就是字面上的意思！）但溫柔的銀色月亮會為抬頭仰望尋找她和關注她的人提供支持。

月亮保守著她的秘密，只向詢問的人透露。

月亮被視為女神而受到人們的崇拜，而女神也因被視為月亮的化身而受到崇拜。現在這樣一想：月亮就在女神之中，而女神也在月亮之中。

月亮被稱為夜后和情感女王，關於她的神奇詞彙已經進入我們的語言詞彙中，包括從月色撩人（Moonstruck）到對月空談（Moonshine），再到月亮魔法（Moon magic）甚至是月之癲狂（Moon madness）等概念！

對古代有智慧的女性和男性而言，月亮在每個月的新月、滿月到消失的週期中代表著誕生、生命、死亡和重生的循環。

正如美麗的月亮每個月都會升起、消失和重現一樣，古人相信我們人類也會歷經類似的生命和重生階段。

也許你也已經感受到這點？如同月亮，我們的人生也有循環。我們開始做某件事，情況達到高峰、衰退，然後以某種方式重生。即使是我們最重要的一對一關係也會一遍又一遍地經歷這些循環。正如月亮帶給我們的教誨，生命循環不息，會歷經各種階段也是正常的。

在占星學中，月亮與我們的情感有關，她是我們感受一切的完美媒介。我們的感受引發思想，思想引發言語和行為，進而影響我們生活發展的方式。有智慧的男女（儘管主要是女性）在有歷史紀錄之前就與

月亮建立連結，這是有原因的：因為月亮就在我們身邊指引著我們。而我希望這些牌卡也能發揮一樣的作用。

## 一切取決於直覺

在我之前的兩副牌：《月相神諭卡》和《月亮顯化神諭卡》中，我非常嚴格地忠於我們在占星學領域所知的月亮，而這副牌則不同於先前的模式。

《月相神諭卡》會根據月相或所抽牌卡的星座，為你的問題提供明確答案，而《月亮顯化神諭卡》有助於顯化，我認為這副牌則是直接契合你的直覺。

這副牌不在我的計畫當中，這是自然而然發展，是月亮引導我這麼做的！

然而出乎意料的是，這完全合理！從占星學的角度來說，月亮除了與情感有關，也與潛意識和直覺有關。因此，名為「月相訊息神諭卡」的牌組當然會產生強烈的直覺振動。

## 本牌組的牌魂

據說地球上的萬物都有自己的靈魂，而神諭卡牌組也不例外。儘管我身為這些牌卡的作者，盒子上可

能標示著我的名字，但我深信這副牌實際上帶有某種靈魂，祂來到這世上展現自己的方式，就是幫助任何人和每個使用這些牌卡的人。

因此，在使用這副牌時請勿草率，應懷有敬畏之心。

· 抽牌前請先深呼吸並請求指引。

· 請存放在盒子裡，或用圍巾或小袋子包裹。

· 使用時，請先用指關節好好地敲擊牌卡，以清除上次尋求牌卡建議時所產生的能量。

· 務必認真看待牌卡透露的訊息，牌卡永遠只會道出真相。

· 請記下你收到的牌卡和訊息。

· 即使對答案不滿意，也不要反覆抽牌，而是該好好思考說明書中，關於你所抽到的牌卡的說明文字，並誠實地問自己，這張牌的能量正試著要教導你什麼。

· 請勿將牌卡放置在低振動頻率且積滿灰塵的地方。

因為這副牌的靈魂就在於直覺。先提出一個想法

問自己，並在解讀詮釋時向內在探索，憑直覺理解你心中所浮現的訊息。

直覺＝內在的教導。

懂了嗎？

這副牌的核心是採用月亮象徵（可在每張牌上找到），請它透過直覺與你對話，讓你可以更輕鬆地利用自己驚人的直覺能力來了解周圍發生的事，以及你正在創造些什麼。

正如我相信是直覺激勵了這副牌的靈魂，我相信這副牌在此是為了教導我們如何更輕鬆地取得直覺。

我也強烈感覺到這副牌是受到我最愛的女神之一辯才天女（Saraswati）所指引。在整個創作過程中，我都非常強烈地感受到辯才天女的存在。彷彿我在創作牌卡的過程中祂一直伴隨在我身邊，當我與才華洋溢又可愛的插畫家亞莉・維米里歐（Ali Vermilio）以及賀氏書屋（Hay House）出色且備受讚賞的團隊一起製作牌卡時，祂為我帶來了影響和協助。

而今，當我在撰寫這篇關於如何解讀牌卡的說明書引言時，我突然意識到一些顯而易見的事，我想與你們分享；辯才天女主要以身為神聖女性智慧的守護

者而聞名。那要如何才能經常展現神聖的女性智慧？自然是透過直覺！誰沒聽過「女性的直覺」？這是眾所周知的概念，幾乎已蔚為主流，即使是在只要稍微不科學就不輕信的圈子裡也是如此。

因此當我完成這副牌時，直覺提醒我，直覺女神是辯才天女的別名之一。難怪我在創作這副牌時，可以強烈感受到祂的存在！這就像是一圈又一圈的循環，當我開始更了解這副牌是如何透過我為你們而生或自行誕生時，這讓我感到非常開心。在撰寫這些牌卡時，我強烈感受到辯才天女滲入了這整個創作過程中，這對我來說是強而有力的驗證，如今我認為這副牌本身就是可憑直覺感知的牌卡。

一切都是有意義的。

也許你也會感覺到辯才天女？祂出現在某幾張牌卡中，儘管都不是太明顯……

**這些牌卡能為你帶來什麼幫助？**

延續辯才天女的主題及祂的神聖女性智慧和直覺所帶來的禮物，我希望這些牌卡將有助於你理解高我或直覺試圖告訴你的任何訊息。

你的高我是你的一部分，祂深知我們每個人都與

世界各地的所有生命緊密相連。我們是多維度的存在。到目前為止，你可能只認識三度空間中的你，但你遠不「僅」止於此。你是永恆的靈性存有，正在以人類的形式體驗自己。而且你非常有智慧！

我們的高我總是在與我們對話，儘管有時自我與情緒，會妨礙我們聽見祂們溫柔的低語。

神諭卡能讓我們更容易聽見靈魂或高我的低語。世界各地數百萬人如今已開始意識到，神諭卡是獲取直覺和高我訊息最簡單、最快速，同時也最安全的方法之一。

然而，關於神諭卡的運作方式，目前尚不得而知。我們是否顯化了我們需要解讀的牌卡，我們是否顯化了反映我們目前感受的牌卡，或是這張牌是否按照我們高我的要求顯化，讓我們得以了解我們的情況及發展方向？

當我們還隔著一層神祕面紗，關於牌卡是如何運作的奧秘，可能永遠也無法解開，但也許我們是否理解其中奧祕其實並不重要。

# 如何使用這副牌

在開始使用這副牌之前，請你用雙手輕輕地握住牌卡。將牌卡擺在自己的胸部中央或胸前，握著牌卡不動，這就是你心輪的中心。請說出以下或類似的咒語：

我清除這些牌卡上
所有過去的程序或負面能量。

美麗的牌卡，我祝福你，
而我知道你也會祝福我。

我會本著神性，
虔誠地表達我可能進行的所有解讀，
並請求在我為自己或他人使用這些牌卡時，
唯有與我的振動一致或較高振動頻率的能量
才能顯現。

願我們都能獲得這副牌內在的神聖女性智慧。

下一步是將你的能量注入每一張牌卡當中。我不得不大力強調這有多重要。請記住，這些牌卡是在工廠製造的，而且在運送的途中，可能是由心情不愉快的人所處理的，或是曾待在人們生氣或爭論的地方，甚至是被處於負面情緒的人擺放在架上。這就是為何我們都要淨化牌卡。

　　請深呼吸，呼喚你的高我，然後讓牌的背面朝向自己，緩慢而堅定地翻閱這副牌中的每一張牌。

　　完成這道程序後，你的能量就會注入每張牌卡中。這時將牌卡翻過來，讓圖像面向自己，然後再次翻閱牌卡，但這次要以更緩慢的速度翻閱。花點時間讓眼睛掃視每張牌幾秒鐘，盡可能領會牌卡上的圖像和訊息。持續進行，直到瀏覽完每一張牌。

　　這麼做的原因非常簡單：由於我們與世界各地的所有生命緊密相連，因此在某種程度上你已經熟悉這些牌卡。透過像這樣一張一張地翻閱所有圖像，你可以記憶並重新連結這些資訊。這個過程也是在將牌卡的內容傳達給你的大腦，當你抽牌時，你會本能地知道自己可能收到的所有牌卡選項。如此一來，你需要的牌就會在抽牌時出現在你面前。

## 抽單張牌

抽單張牌是使用神諭卡的絕佳方法。事實上，我喜歡將抽單張牌作為晨間儀式的一部分。對我而言，這個方法不適用於塔羅；我認為僅抽一張塔羅牌似乎無法讓我了解事情的全貌，我比較常使用凱爾特十字（Celtic Cross）牌陣。

然而，神諭卡似乎具有某種特質，可以讓每天抽出的單張牌發揮絕佳的效果。因此，我並未提供多種牌陣讓你去嘗試（儘管它們也能有出色的作用，如果你有興趣的話，可以在我過去的神諭卡中找到新月和滿月的牌陣），我在此提供可用於每日早上或晚上進行例行抽卡時的一些想法。

當生活非常順利時，很容易錯過早上或晚上的例行抽牌儀式。但當生活變得較具挑戰性時，你會突然想起要在早上花點時間去傾聽靈魂想要告訴你的訊息。

以下是我的流程（如果時間緊迫，你可以做較短的版本，但記得仍要將這視為神聖的流程）：

· 在擴香機中加入一些優質的芳香精油或點一些香。如果你喜歡的話，也可以只打開窗戶，讓新鮮空氣流通即可。

· 播放一些優美的音樂。我喜歡 Solfeggio 頻率，而黛芙・普拉美（Deva Premal）、恩多與喬（Edo and Jo），以及克雷格・普魯斯（Craig Pruess）等人的音樂也絕不會出錯。

· 將手機調成靜音或關機。

· 如果有瑜伽墊，請將瑜伽墊鋪好。如果沒有瑜伽墊，請鋪上一條大浴巾。

· 在墊子或浴巾上做一些和緩的瑜伽伸展運動。不一定要做複雜或高難度的動作。這個目的只是要讓你的心靈與身體連結。

· 接下來，靜靜地坐在墊子上，如果可以的話，請盤腿。如果這姿勢讓你不太舒服，請找到適合你的姿勢。如果可以的話，請坐在地板上，或是坐在椅子或沙發上。

· 閉上眼睛，輕柔地呼吸。

· 靜靜地呼吸，同時對生活中的美好事物懷著感激之情，默念或大聲唸出以下其中一句句子（默念會更有力量）：

～我很平安，而且一切都很順利（露易絲・賀

（Louise Hay）的著名肯定句）。

〜OMMM（相當於接起宇宙的電話）。

〜So hum（梵文的意思是「我就是／我在」）。

〜Ahhhhh（祈求神聖母親保佑）。

〜或反覆念誦你目前最愛的肯定語句。

· 這樣進行最多 20 分鐘，或 5 分鐘也可以。盡你所能即可。

· 此時從牌組中抽出一張神諭卡。你可以詢問關於未來一天或接下來 24 小時的訊息，或是請求獲得一張牌，來協助自己了解目前所面臨的挑戰。請清楚表明你的意圖。

· 找出說明書中牌卡的解釋並仔細閱讀。

· 在日記中記下出現的牌卡，以及真正引起你共鳴的關鍵詞。也請加上你自己的詮釋，對你今天的狀況來說這意味著什麼。

· 將牌擺在你當天／當晚其餘時間可以看到的地方，並隨著時間的發展繼續思考這張牌。關於這則來自高我的訊息，你的直覺在告訴你什麼？

**如果不喜歡自己抽到的牌，該怎麼辦？**

當你正在歷經艱困的時期時，牌卡往往會反映出這點。牌卡不會在明明狀況不好時，還告訴你一切都很好。因此，認清這些牌卡的本質是很重要的：這是來自你的直覺或高我的訊息，甚至是辯才天女溫柔引導你前進的訊息。

如果你每天或每晚抽一張牌，那就更容易處理所出現的任何訊息了。因為你會知道這些牌只適用於未來的 24 小時，而明天又是嶄新的一天。

寫下解讀的內容真的很重要，我甚至不會加上「如果你有時間的話」，因為我真的相信寫下來具有一定的力量：這表示你能夠回顧自己已經解讀過的內容。當你這麼做時，會開始看到自己的旅程是如何展開。俗話說得好，船到橋頭自然直，如果事情還是沒有好轉，表示還不到最後關頭。我曾經歷過一些最深刻、神聖的體驗，有部分就來自於看著神諭卡如何指引我度過難關。

要抵抗任何誘惑，你可能每天想抽不只一張牌。我懂！我懂！這有時真的很難。然而，我認為當我們在一天之內抽太多牌時，我們就會跳過目前正在創造的未來，而這可能會令人感到困惑。

因此，請試著在每天白天或晚上，只抽一張牌——尤其是當你在使用這副牌卡時。請記住，這副牌卡的用意是激發你的直覺。

## 為他人解讀

　　神諭卡無庸置疑的美妙之處之一，在於沒有真正會令人害怕的牌卡，至少我的牌組裡沒有這樣的牌。可能有些牌的訊息較其他牌嚴厲。有些牌卡不會直接說出你想聽的話，有些牌會表示你需要更多時間，或是你需要有耐心地做出改變或接受改變。但整體而言，這些牌卡中，沒有會讓你徹夜輾轉難眠的訊息。

　　這麼做不僅是因為我是天生正向樂觀的人。真正的原因是，在我們的一生中總是會遇到障礙，而這些牌卡，可以幫助我們了解如何繞過和克服這些障礙。

　　我現在會提到這些，是因為我們在為他人解讀時，牢記這點非常重要（就算在為自己解讀時，也應牢記這些想法）。

　　重點來了，讓他人為你解讀，可能會是一個很發人深省的經驗。基本上，你在那一刻交出了你的權力，並要求對方運用他們的直覺，來取得他們認為什麼適合你，而什麼不適合你的看法。

這並不是說請他人為你解讀不是一個好主意。我很常這麼做。因為有時我們會過於心煩意亂而無法為自己解讀。

但我知道這會讓我受制於對方的解釋，所以我只會請真正信任的人為我解讀。

如果你正在為某人解讀，請記住你處於掌權的地位。如果你非常認真看待這件事，這對你自己的業力會很有助益！

當你為他人解讀時，許多人都會非常認真看待你所說的一切，而我認為他們也該這麼做。但你最不想做的事情就是嚇壞他們，為他們帶來負面、自我實現的預言，讓他們加以顯化。

相反地，你想做的是幫助他們看見，無論他們正在經歷什麼，一切都有出口，而且牌卡正在為他們提供指引。

現在請花點時間，將手放在心口，默默或大聲說：

在我解讀這些牌卡時，
我承諾永遠看到光明的一面！

## 該讓別人碰這些牌嗎？

我一點也不喜歡「別人不能碰我的牌」的觀念。我認為這是很有爭議的做法。我還記得曾聽過一位瑜伽老師對我一位友善的朋友咆哮（一點也不誇張），因為我的朋友「冒失」地觸碰了老師的神諭卡，而這些神諭卡那時就疊放在瑜伽教室的桌子上。

對我來說，這是不對的。如果說其他人都不能碰你的牌，很容易會傳達出這樣的訊息：只有你的能量是好的，其他人的能量都是壞的，但事實並非如此（話雖如此，當然我對自己的牌卡還是有一定程度的保護，如果我覺得某人有嚴重的負能量，那我會盡量避免讓那個人拿到我的牌）。

如果是為他人解讀，我都會讓他們自己洗牌和選擇牌卡。這樣那個人的能量就會進入牌卡中，解讀的效果會更好。之後再淨化這些牌卡就好；這樣做並非因為那個人的能量不好，而是因為在使用牌卡的時候，你確實需要牌卡裡存有你的能量，這樣你就不會受別人的能量影響。

**淨化牌卡**

　　淨化牌卡的方式有很多，但我最愛的方法超級簡單，而且我認為非常有力量：

1. 如果你慣用右手，就用左手拿著整副牌；如果你是左撇子，請用右手拿牌。

2. 緊握牌卡，盡可能讓牌卡從你手中「凸出來」，但不要讓牌卡掉落。

3. 用你空著的手，用指關節用力敲擊牌組三下。在這麼做的同時，請設定意圖，讓所有的負面能量都落至地上。視你個人的意願，你可以敲擊牌組三次以上，也可以將手中的牌組轉向，敲擊牌組的兩端。

　　我已經使用這種方法多年，我堅信這樣可以消除所有負面能量。

　　我希望這些牌卡能長年累月為你提供美好的服務。讓月亮、你的直覺和女神成為你的嚮導！

牌卡的解釋

## Blood Moon
血月

# COURAGE 勇氣

▲▼▲

　　這張牌為你帶來勇氣！你目前的戰鬥已經進行了一半，而你保留的戰力比你所想的還要多。請拿出你的勇氣。人們經常抗拒改變，但有時改變是絕對必要的，現在可能就是需要改變的時刻之一。你現在越是拒絕在某個情況中讓步，結果可能就會越痛苦。有時勇敢的做法就是妥協。請持續前進，即使感到害怕，也要做該做的事。只要沒有人受到傷害，就請努力克

服難關，並做你需要做的事。你正處於一個週期的結束和新週期的開始。你現在不願意釋放的事物（即使你自己也知道該放手），可能會被強行剝奪，因此請放下你對某個情況的掌控。血的概念往往帶有令人恐懼的形象。然而，血液也是生命力的來源，少了血液，我們也無法長久生存！你正在歷經注定要面對的情況。請深呼吸，然後繼續前進。

## 這張牌的其他意義

· 處理內在陰影。

· 改變即將來臨。

· 不要緊抓著過去不放。

· 機會之門正在開啟。

· 為了你好，現在就將過去拋在腦後。

## 關於這個象徵

　　血月發生在月全食時，此時穿過地球大氣層的光將月球照亮，讓月亮看似變為深紅色。

## Cold Moon
冷月

# FACE YOUR FEARS 面對你的恐懼

▲▼▲

　　現在宇宙要求你：面對恐懼。你可能會感到孤獨，但實際上並非如此；你有一群神聖存有愛著你並引導著你。然而，此時你可能需要更自立自強，來面對任何阻止你前進的恐懼。你現在需要獨立自主，因為你正處於靈魂成長的時期。無論你正面臨什麼樣的挑戰，即使可能難以置信，但這些都是你的靈魂進化所需。請對自己寬容一點，要知道自己仍與三度空間

相連，而三度空間的你知道現在發生的一切，都是為了你的最高福祉。要知道，我們越是抗拒某個課題，生活就會越努力向我們展現我們必須看見的事物。無論你現在正在經歷什麼，都是課題。如果你此時此刻可以克服恐懼，你就能蛻變為截然不同的人。記住，整個宇宙都站在你這邊。

## 這張牌的其他意義

· 健康問題可望改善。

· 重新平衡你的脈輪。

· 找一個可以信賴的對象，傾訴你的狀況。

· 更加善待自己和他人。

· 別再固執了。

## 關於這個象徵

　　有時我們可能會感到孤獨，儘管事實上仍有一群神聖存有圍繞在我們身旁，並為我們加油打氣。人生可能會令人感到心灰意冷。

**Dark Moon**
暗月

# THE PAST 過去

▲▼▲

　　你已經準備好要拋下某些事物。恐懼會阻止你前進，但沒什麼好怕的。過去有些事物需要釋放，可能是你以為的失敗、一段關係、近期或很久以前發生在你身上的事件所帶來的恐懼，而這阻礙了你。需要格外強調的是，這張牌的暗月能量是「黑暗」的，正如「黎明來臨前是最黑暗的」說法。這正是我們在此談論的黑暗。因此當這張牌出現時，你正處於某種險

境。你可以選擇回到過去，也可以下定決心取回自己的能量，讓你部分的能量體不再受困於過去。你周圍的能量現在具有暗黑女神令人敬畏的力量，我們過去都被告誡要畏懼祂，但祂實際上可以協助我們揮別過去。現在請清理負面能量，為更美好的新事物騰出空間。這就是這張牌帶來的訊息。

## 這張牌的其他意義

· 和過去相關的夢境，是了解你目前處境的線索。

· 你終於要渡過難關了。

· 這是黎明前的黑暗。

· 沒什麼好恐懼的。

· 擁抱你的力量。

## 關於這個象徵

　　暗月出現在月亮週期的最後。大多數占星學派也難以深入探究它的神祕面紗，但它是月亮週期中最強大的時刻之一——在這張牌出現時請格外留意！

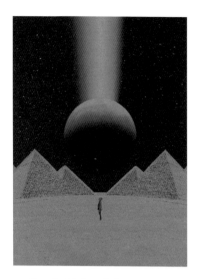

## Dark Side of the Moon
### 月亮的陰暗面

# MYSTERY 神祕

▲▼▲

　　抽到這張牌，表示前進的道路還不夠明亮。關於你的問題，還有許多神祕之處。你大概已經有感覺，可能有人對你沒有完全坦誠。不必驚慌！可能只是涉及這個問題的人還沒準備好亮出所有底牌。也或許你所詢問的情況還沒有完全發展到最終狀態，此時根本不可能知道你問題的答案。最好的方法就是運用你目前已經知道的，並放下想了解一切的渴望。一方面，

因為發生了某種不當行為，你問題的答案可能正被籠罩在黑暗中；另一方面，可能你只是不需要了解更多訊息——至少現在不需要。此時請保持樂觀，而非專注於你對當下情況的恐懼。

**這張牌的其他意義**

・你擁有自由意志。

・有些事寧可不說。

・信任宇宙，看看會發生什麼事。

・面對所有與你問題有關的恐懼。

・請樂觀地將杯子視為半滿，而非半空。

**關於這個象徵**

　　月亮的陰暗面超級神祕，不是嗎？由於月球轉動的方式，我們永遠無法從地球上看到她的這一面。我們知道它就在那裡，也知道它是不可知的。這只會讓我們更加好奇。它就是這麼神祕。

## Day Moon
### 白晝之月

## LOVE 愛

▲▼▲

　　在白天看到月亮是件神奇的事，不是嗎？而愛更神奇。當你抽到這張牌時，有一些奇蹟正在醞釀中，很可能與愛情有關。這表示，儘管可能仍有挑戰（但關係中不總是有挑戰？），但你們之間的關係值得思考。愛情正在逐漸變得明朗；就如同白晝之月的升起，愛情即將到來。如果你正處於任何困難的人際關係中，無論是個人還是工作上的關係，這張牌都表示

你已經克服了最棘手的障礙。此時從伴侶關係中找到幸福的方式，就是將你的自我從中移開，讓純粹的感受來引導你。如果你受到某人吸引，這張牌就是要你表達情感的徵兆。即使非戀愛的情況，這張牌的訊息也是相同的：向涉及你問題的他人表達你的感受是至關重要的。你的感受比你的自我更重要。更美好的日子即將來臨。更蔚藍的天空就在前方。為愛而生，愛也會為你而生。

## 這張牌的其他意義

· 意想不到的事即將發生，敬請期待！

· 有秘密即將曝光。

· 此時與月亮合作將對你有幫助。

· 生活由你自行創造。

· 是時候開始看到生活的神奇之處了。

## 關於這個象徵

　　當月亮進入弦月階段時，尤其是在滿月之後，對我們而言就形成了「白晝之月」的條件，即在白天看到月亮，因為她距離太陽夠遠，便會在白天升起或落下。

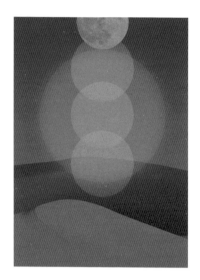

## Domicile Moon
### 月亮入廟

# ABUNDANCE 豐盛

▲▼▲

豐盛可期——各式各樣的美好事物蜂擁而至！看來你已經找到自己的人生定位了。目前的情況對你來說如魚得水,即使你還沒有這樣的感覺,好事也即將來臨。由於這張牌上的月亮狀態極佳,肯定會帶來無比的喜悅。請記住,豐盛視你的頻率而定。當抽到這張牌時,表示你已經運用了適當的頻率來滿足你想要實現的目標。蜂擁而至的美好事物可能包括有更多金

錢進入你的生活，或是你和所愛的人之間擁有滿滿的愛和美好的感受。如果你擔心自己的財務狀況，那麼這是在提醒你，你有能力賺取所需的現金。如果你想搬家，那麼這張牌幾乎可以肯定是建議你暫時留在原地。如果你詢問的是一段關係，那麼你和你所愛的人實際上非常相配。

## 這張牌的其他意義

· 返家之旅。

· 你如魚得水。

· 是時候充分發揮你的潛能了。

· 家是心之所在。

· 請留在原地。

## 關於這個象徵

在這副牌中，我們看到月亮代表著我們的情緒。有時月亮的狀態充滿挑戰，因此我們的處境也充滿挑戰；而有時，一切就是那麼理所當然地水到渠成，就像這張牌一樣。

## Drawing Down the Moon
降月

# KNOWLEDGE 知識

▲▼▲

　　我們以老派／傳統的方式習得關於某些事物的知識，但我們也會在能量的層次上透過本能的直覺去感知。抽到這張牌表示你比你所知的還要有智慧，但你需要神聖知識才能回答你的問題，而這些知識是書本或網路上找不到的。因此，建議你深入內在，並召喚女神來到你身邊。接收祂的想法，然後記錄你的經驗。如果你有偏好合作的女神，可召喚祂加入。也可

以探索哪位女神較吸引你，例如在冥想中請祂來到你面前，用這種方式來召喚你的女神。或是簡單閉上眼睛詢問：「哪位女神願意來到我面前？」無論你如何進行這道程序，請女神傳送你所需的資訊。每當出現這張牌，這也是在提醒你持續實行你的月亮儀式：在新月時設定意圖，並在滿月時將這些意圖交給神靈。

**這張牌的其他意義**

・女神與你同在。

・體現你的靈性。

・你尚未獲得所需的全部答案。

・發揮你的智慧。

・讓月亮為你指引方向。

**關於這個象徵**

　　「降月」的習俗據說可追溯至西元前二世紀。做法是透過月亮將女神的能量召喚至你的體內，並請祂透過你說話。

**Exalted Moon**

月亮入旺

## SELF-REGULATION 自我調節

▲▼▲

關於你所詢問的情況，你的超能力在於你可以調節自己的情緒。這並不是指壓抑情緒！而是表示你可以感受你所有的情緒並加以處理，讓這些情緒在你身上流動。你只要活在當下就好。這為你賦予力量。請記住：「如其在內，如其在外。」換句話說，當你內心充滿動盪的情緒時，這可能會反映在你的外在生活。然而，抽到這張牌表示，無論你經歷過什麼，讓

自己感覺平靜才是成功的關鍵。即使你的感受很強烈，也要好好呼吸，讓這些感受不會引起外在的動盪。這就是你的神奇力量。此時可將自己想像成女巫或巫師，並保持冷靜。為了取得最佳效果，請對你目前的情況展現出同情心、同理心和無條件的愛。你擁有處理這個狀況所需的一切。事實上，你甚至可能佔上風。然而，你需要明智地利用這項優勢。你可能需要在情緒的調節上以身作則，為他人樹立好榜樣。

## 這張牌的其他意義

·腳踏實地。

·詢問在這個情況下，「什麼能為我帶來滋養？」

·需要誠實地面對情緒。

·讓他人表達他們的情緒。

·從容不迫，才能勝券在握。

## 關於這個象徵

在占星學中，月亮與情感有關，而月亮位於金牛座被視為是「入旺」或者說狀態良好。

## The Falling Moon
### 殞落之月

# RELEASE BLOCKS 釋放阻礙

▲▼▲

　　你的情況受到某種阻礙。目前的情況可能存有一些需要釋放的壓抑情緒。尤其是憤怒，現在可能會對你造成阻礙。這是個問題，因為情緒就像你行駛在生命之河中的水。當你的情緒受到阻礙，就像河水乾涸，無法再航行、漂流，甚至無法向前。我們都希望自己的問題能獲得直截了當的答案，但有時這個答案就在你心中，你需要釋放所有阻礙答案浮現的垃圾。

這張牌提醒你好好照顧自己並處理你的情緒。不要以為堅強和沉默是健康的，這是迷思；允許自己表達情緒才會更健康，對現況有所回應，或許這才是你現在需要做的。如果你認為自己的不安全感目前正在阻礙你成功，那這張牌是在提醒你，只有你自己才能影響你自己。

**這張牌的其他意義**

· 誠實地面對你的感受。

· 參加憤怒管理課程。

· 此時呼吸練習會對你有幫助。

· 向年長者尋求建議。

· 你迷失了方向，需要重新調整。

**關於這個象徵**

　　殞落之月的景象在某些方面令人恐懼，因為少了月亮，地球就會脫離軌道。同樣地，如果我們不處理自己的感受，我們也可能偏離我們的道路。

## Follow the Moon
追隨月亮

# WATCH FOR SIGNS 留意徵兆

▲▼▲

　　宇宙在告訴你什麼？學習如何解讀朝你而來的徵兆非常重要。你收到哪些徵兆？學習解讀徵兆是邁向靈性道路的一大步。它們可能會以夢、音樂、數字或圖案的形式出現。你的生活主題就是你意識發展的徵兆。你周圍有一些徵兆，你需要認出它們！或是請求宇宙在接下來的 24 小時內，提供關於你問題的某種具體徵兆。例如，請求讓你看見彩虹或粉紅色的獨角

獸（或任何你感覺對的事物），然後密切注意。你的答案就在其中。這張牌的出現可能是要你改變行為或關注焦點的徵兆。請好好留意。徵兆無所不在。你看到了什麼？這張牌也可能是在溫馨提醒你重拾健康習慣，這將有助於讓你的生活更順利向前邁進。冥想會對你有幫助。

**這張牌的其他意義**

· 某人做某件事的方式可反映出他們做每件事的態度，這是一種揣測！

· 睜大眼睛。

· 聆聽你的直覺。

· 培養靈性的自我照顧習慣會有幫助。

· 敞開心房，接受神聖的指引。

**關於這個象徵**

　　向宇宙祈求以彩虹作為你的徵兆，看看是否會看到雙彩虹；宇宙正在說話，你在聽嗎？

## Full Moon
### 滿月

# FORGIVENESS 寬恕

▲▼▲

你需要對某人更加寬容，但也或許需要寬恕的是你自己？無論如何，當抽到這張牌，你需要知道的是，無論你想要什麼，都可以如願以償，但你必須先經歷寬恕。怨恨會導致能量阻塞。或許你需要原諒伴侶或父母，一旦你原諒了，就會神奇地釋放目前阻礙你前進的事物。滿月非常適合情緒釋放，因為你所有的情緒都會浮上檯面，讓你更能好好地面對。原諒某

人並不表示可以接受過去發生的事，但這確實代表你已經準備好繼續前進。無論你詢問的問題是什麼，都可以結合這些想法進行探討，或將它們視為一般指引。在放下怨恨和痛苦之後，你所詢問的狀況就會獲得療癒。我們無法保證這會帶來什麼樣的結果，但寬恕將會讓你朝著正確的方向邁進，無論如何，你都會好過一些。

### 這張牌的其他意義

· 不要變得太瘋狂。

· 釋放阻力。

· 是時候繼續前進了。

· 現在是你的高峰期。

· 在紛亂的事件中好好呼吸。

### 關於這個象徵

生活不太會變得比能量超強的滿月更加瘋狂。請走出戶外，沐浴在月光下，盡情享受月光。但即使情緒爆發，也要記得好好呼吸。

## Healing Moon
療癒之月

# SEEK HEALING 尋求療癒

▲▼▲

　　當抽到這張牌時，你需要問自己一個非常重要的問題：如果你目前的狀況獲得療癒，那會是什麼樣子？閉上眼睛一會兒，觀想一下可能的場景。在腦海中描繪清晰的畫面很重要。抽到這張牌表示你正處於需要療癒的情況中，而且療癒實際上已經開始了。然而，你必須相信這個過程，才能完成療癒。現在可能非常痛苦的事，很快就會變得輕鬆得多。最重要的是

你必須處理自己的情緒而非加以否認，而療癒就是這樣發生的。清楚表達你的問題。啟動脈輪也會有幫助，能清理你氣場中的所有情緒或能量碎片。要做到這點，只需播放一些令人振奮的音樂，坐下來，閉上眼睛，想像自己身處在一束藍色和金色的治療光柱下。設定意圖，讓你的能量和詢問的情況得到療癒。

## 這張牌的其他意義

· 任何事物都能獲得療癒。

· 請抱持著情況正在受到療癒的願景。

· 讓「我已經獲得療癒，我的人生已經獲得療癒，事實就是如此！」成為你的座右銘。

· 美好的日子即將到來。

· 療癒你的感受，療癒你的生活。

## 關於這個象徵

月亮帶有某種非常療癒人心的特質。或許是因為她的特性，也或許正如俗話所說，這是因為她讓我們明白：會歷經各種循環週期都是很正常的。

## Howl at the Moon

對月嚎叫

# PROCESS YOUR FEELINGS 處理你的情緒

▲▼▲

　　實踐月相學最基本的做法，就是處理你的情緒，尤其是在滿月和暗月來臨時。你是如何處理情緒的？抽到這張牌，表示你有一些需要釋放的情緒，不論是為了你自己好，還是為了涉及這個狀況的其他人好。現在也是你展露情緒的時刻。壓抑這些情緒，沒有人知道你的感受，這樣顯然並不健康。如果你正在這麼做，請停下來！可考慮透過唱誦、呼吸練習或唱歌來

鍛鍊你的喉輪。這張牌字面上的意義就是走出來，對著月亮嚎叫。你的故事尚未完結，所以無法告訴你結局會如何，而這要靠你來自行創造。但通往答案的這段旅程，有部分涉及釋放你的喉輪，以及表達自我。如果你現在的情況或生活感覺受阻，處理你的情緒可能是掃除障礙的關鍵。請好好感受並處理你的情緒。負面的情緒會阻礙你的力量。

**這張牌的其他意義**

‧不要堅持一切都要按照你的方式進行。

‧音樂會為你帶來療癒。

‧如有需要，請與諮詢師聊聊。

‧處理內在陰影。

‧面對你的恐懼。

**關於這個象徵**

在反覆思考這張牌時，我強烈感受到卡莉女神（Goddess Kali）。祂不在意繁文縟節。如果有需要，祂會對著月亮嚎叫。

**Moonbeams**

月亮光線

# FOCUS 專注

▲▼▲

　　擁有遠大的夢想是件美妙的事，但抽到這張牌，表示你在實現夢想時需要更加認真和專注。套句湯瑪斯·愛迪生（Thomas Edison）的名言：成功是百分之一的靈感，再加上百分之九十九的努力。你的方向非常正確，但你需要聚焦於你的願景。你該從哪裡開始？如果你一直在將自己與他人比較，那這張牌正強烈提醒你：「比較」會偷走快樂。你只能按自己的步

調進行。如果某人或某事讓你無法專注於你的唯一目標，那現在就是消除雜音的時候了。請你付出更多努力來實現你的目標。這可能包括加強自律和克制。也請記住，成功很少是線性的。即使感覺自己在原地打轉，但你仍在緩慢地朝著目標前進。不過你現在確實需要保持高度專注。

## 這張牌的其他意義

· 不要過於嚴厲地評斷自己或他人。

· 成功需要時間。

· 專注於正向的事物。

· 如有需要，請為你的目標抽出時間。

· 做冥想。

## 關於這個象徵

　　月亮光線是陰與陽的結合，陰是來自陽的柔和月光，而陽是太陽較刺眼的光。

## Moon Called
月亮召喚

# MEANT TO BE 天注定

▲▼▲

　　有些事就是天注定，而這似乎都可以適用於你在此詢問的所有問題。這並不表示你可以坐在那裡無所事事或什麼也不做，期望一切都會從天而降。我們都在不斷地創造自己的生活，所以你需要採取一切必要的措施，來引導情況朝著你想要的方向發展。但要知道自己走在正確的軌道上前進，否則這張牌就不會出現。這個情況顯然已經是「注定」的了。請信任上天

並順其自然。此時所發生的事對你和你靈魂的發展來說都是好的,也是適當的,因此請繼續朝著你想要的方向前進。調頻至與月亮週期同步會為你帶來幫助,因此可在盈月週期(新月至滿月)期間進行調頻,並在虧月週期(滿月至新月)期間釋放你緊抓不放和依附的能量。

**這張牌的其他意義**

· 這是你靈魂旅程的一部分。

· 跟隨你的感覺。

· 創造你夢想的現實。

· 知道天界是支持你的。

· 答案就是「Yes!」

**關於這個象徵**

　　儘管命運的概念很美好,但越來越顯而易見的是,我們在創造自己的現實。這是多麼自由並讓人充滿力量?

## Moon Circles
月亮圈

# SUPPORT 支持

▲▼▲

當這張牌出現時，表示是時候召集你的人馬了。找到對你來說最重要的人（而你對他們來說也很重要），花點時間和他們共度時光。與他人相聚可以激盪出智慧，而此時你正需要這樣的智慧。你只需要一兩個密友或親人，最先浮現腦海的可能就是適合的人選。讓他們知道你的感受。尋求他們的建議和支持。有時我們假裝不在乎，以至於全天下都沒有人清楚我

們正在歷經什麼。記得有句古老的俗語說：有人分擔，憂愁減半。在關心你的人面前展現脆弱是沒有關係的。視你抽卡的時間而定，可與朋友一起以新月圈或滿月圈的形式相聚，這可能正是宇宙的指示。

## 這張牌的其他意義

· 你需要有人挺你。

· 尋找志同道合的人。

· 人生有不同的循環週期；要有耐心。

· 向女性朋友尋求協助。

· 為你的行為負責。

## 關於這個象徵

月亮圈通常指的是，在每次新月或滿月聚在一起慶祝月相週期的女性團體。這些圈子充滿了愛和忠誠。月亮圈可能正是你現在所需要的。

## Moon Cycles
### 月亮週期

## PATIENCE 耐心

▲▼▲

　　這張牌力勸你信任神聖的時機。古代的女性和男性較能敏銳察覺到生命的循環週期，就如同月亮一樣（我們知道這點，是因為最早記錄的農曆至少可追溯至石器時代）。知道自己處於哪個月相對這些女性和男性很有幫助，就如同你現在知道自己處於哪個人生階段也會對你有幫助。當你歷經現在正在經歷的一切，當你體驗促使你提出這個問題的一切，當你焦急

地等待下一步的發展時，請記住，生命是循環不息的。就像你無法加快月亮的速度，你也無法加快你現在需要經歷的過程。當你經歷你所遭遇的各種狀況時，你需要感受你所有的情緒，並學習你所有的靈魂課題。這需要耐心，但這將讓你更有可能到達你想去的地方。等待並不容易，但有時快速的滿足只會帶來短期的利益。

## 這張牌的其他意義

‧堅持不懈。

‧一切終將過去。

‧就像月亮一樣，我們都會經歷不同的階段。

‧放慢腳步。

‧此時需要展開自然的循環。

## 關於這個象徵

　　月亮永遠是完整的，即使我們看不到完整的她。這張牌表示你尋求的答案可能即將到來，即使目前你還聽不見答案。

## Moon Dance
### 月亮之舞

## CELEBRATION 慶祝

▲▼▲

　　這張牌帶來好消息；你很快就會有充分的理由慶祝了。可以期待美好的事物和正向的發展即將到來。想想你此時生活中所有美好的事物。你有什麼必須感恩的事？現在就表示感謝。跳一小段感恩之舞。專注於解決方案而非問題上。敞開心房，盡可能對目前的生活感到滿足、喜悅。為了創造你想要的生活，保持樂觀、相信生活中會有美好的事物來到非常重要。就

如同更美好的事物會降臨在已經很開心的人身上。這張牌的基本訊息是：一旦你愛你所擁有的，你就會得到你想要的。感恩的心是關鍵。如果你正在經歷極為艱難的處境，導致你很難心存感激，那就更深入探索會令你感到快樂的事。美好的時光就在前方，你必須相信這點，這張牌是督促你更加樂觀的訊號。你有充分的理由保持樂觀。

**這張牌的其他意義**

・有好消息傳來。

・多與人交際。

・讚美你的生活。

・開始跳舞。

・迎接派對。

**關於這個象徵**

　　有時在真正有值得慶祝的事來臨之前，你需要先慶祝一下。讓生活成為慶典，而不僅僅是在特殊場合才能慶祝。

## Moonflower

月光花

## TAKE A RISK 放手一搏

▲▼▲

　　你有勇氣轉動生命之輪，並看看會發生什麼事嗎？謹慎行事並不適合你目前的情況。雖然沒人說你應該冒巨大的風險並狂賭輸掉一切，但你也不該拒絕採取行動。現在可能是採取更正向積極心態的時候了，並將你的杯子視為半滿而非半空。定期進行感恩練習會有幫助（例如，每週五晚上）。試著和朋友或家人一起練習幾個禮拜。冒險正在召喚你，而這張牌

之所以出現，是因為你的高我希望你能進一步了解、探究。正如瑪莉安·威廉森（Marianne Williamson）的名言：「你的碌碌無為無益於世界。」是時候去冒險，向世界表明你的真實身分以及你的真實感受了。如果你的自尊心阻礙了你，這張牌就是要你努力調整的訊號。在你抽到這張牌時，你仍在原地踏步。此時不妨放手一搏。

**這張牌的其他意義**

· 去旅行。

· 保持樂觀。

· 更愛自己。

· 人生很短暫；請好好善用這段時光。

· 相信自己。

**關於這個象徵**

　　月光花的種子會引發幻覺。這些花在晚上綻放，散發著誘人的芳香。這張牌將引領你踏上冒險之路。

**Moon Goddess**

月亮女神

# HIGHER POWER 更高的力量

▲▼▲

　　你所詢問的情況可能令人覺得極為艱難──但你擁有神奇的力量和上天的支持。女神就在你身旁！無論你正面臨什麼，祂都會帶給你療癒、恩典和祝福。你現在正面臨靈魂的挑戰，而你需要經歷這樣的過程，才能知道自己有多強大。凡人在面臨嚴峻挑戰時常選擇放棄。但如果你正在閱讀這段文字，你就不只是凡人而已！你知道自己與更高的力量相連，包括所

有在你身邊支持著你的女神。請好好善用這樣的力量，女神是充滿智慧的，而且祂想為你提供指引。可以走入大自然，在月光下進行連結，或是透過唱誦、冥想——任何你覺得適合的方式都可以。你該連結哪位女神？這完全取決於你。如果你還沒有最愛的女神，可上網搜尋，看看你感覺最受到誰吸引。無論你現在正在經歷什麼，你都不需要自行處理。女神即將降臨。

## 這張牌的其他意義

・與神連結。

・花一個月的時間與月亮相處。

・請求協助。

・此時不要單獨行動。

・召喚女神。

## 關於這個象徵

我們很容易出於自我而採取行動，以為自己可以解決所有問題。然而，還有更高的力量正等著我們尋求協助。祂們甚至可以透過這些神諭卡來幫助你，因此請留意更高的指引！

**Moon in Detriment**

月亮落陷

# CUT YOUR LOSSES 減少損失

▲▼▲

　　如果人生只有彩虹和獨角獸，那肯定很美好。但到了某個年齡（大概七歲左右）以後，我們開始意識到人生總會有光明和陰影。抽到這張牌，表示現在你可能經歷的陰影多過於光明。你並非處於最佳狀態，而你所詢問的情況可能正在損害你和你的活力。此時有兩個選擇：你可以朝著至今一直努力的方向持續前進，也可以盡一切可能減少損失。換句話說，你現在

有可能改變策略或方向嗎？還是你要一心致力於最近採取的行動？此時你還沒有完全投入在這個情況中，因此如果你想改變局勢，需要考慮採取某些行動來加強你的局勢。依你目前的處境，想要隨性地走一步算一步並不容易，而且這會讓一切變得相當乏味。

## 這張牌的其他意義

· 發生的一切並不是你的錯。

· 你是否自我意識過強？

· 你是否需要多看看光明的一面？

· 人生有不同的循環週期，你需要接受現在是必須處理情緒的時刻。

## 關於這個象徵

據說月亮位在魔羯座是落陷的位置。魔羯座既嚴格又嚴厲，而月亮則和情緒有關。兩者的結合會帶來緊張。

## Moonlight

### 月光

# ENCHANTED 心醉神迷

▲▼▲

　　月光有種令人心醉神迷的神奇魅力；無論月光觸及什麼，都會變成如奶油般柔美的銀白色。現在你的生命中有事物正在轉變為這種狀態，或即將進入這種狀態。生命就是由各種不同的循環週期所構成，而占星學和月相學也是如此。如今，你即將進入生命中更令人心醉神迷的時期或週期——如果你相信的話。無論你的願望是什麼，都可以實現，因為或許在經歷了

一段艱難的時期後，你又開始願意相信。這張牌在提醒你，即使在處理困境的同時，也要專注在美好的事物上。如果你還感受不到生活的神奇之處，可透過日常的吐氣練習來獲得支持，即有意圖地透過淨化呼吸來排出壓力。現在可能一切還很昏暗，但隧道盡頭有月光，因此請保持信念，用善良的眼睛看這世界。如果你堅稱某件事「好到不像是真的」，你可能就會將它化為現實。相反的，若你相信生活對你而言很神奇，那生活就會展現出神奇的一面。

**這張牌的其他意義**

‧多一點笑容。

‧信任過程。

‧連結你的內在小孩。

‧相信，並加以實現。

‧期待美好的事物。

**關於這個象徵**

　　我們被告誡要恐懼黑暗，然而滿月的月光卻向我們展現黑暗不足以畏懼，而是該懷抱更多的感恩。畢竟沒有黑暗，就不會有月光。

## Moonlight Serenade
月光小夜曲

# CHANGE YOUR TUNE 改變你的旋律

▲▼▲

　　你可能需要改變你的旋律。你是否一直喋喋不休地老調重彈？是時候改變了嗎？也許你有點失控，是時候放慢速度了。可停下來聆聽宇宙（行星）的音樂。會不會是你需要改變想法、改變主意、更新你的觀點？是時候選擇愛而非恐懼？人們很容易陷入特定的溝通方式。如果你換一種方式，也許你現在需要交流的人會以更符合你心意的方式回應。換句話說，請

嘗試新的策略。你是否一直執著、糾結？如果是這樣，請停止這麼做！也請記住，正如偉恩‧戴爾博士（Dr. Wayne Dyer）的教導：當你改變看待事物的方式，你看待的事物就會改變。請確定自己沒有太固執。堅定自己的立場是好事，但承認需要採取新策略也沒有錯，而現在很可能就是需要採取新策略的時候了。

## 這張牌的其他意義

‧從新的角度看待你的問題。

‧如果你錯了，也不要害怕承認。

‧讓其他人主導。

‧專注於生活中美好的事物。

‧放鬆一點，不要那麼激動。

## 關於這個象徵

　　為了與他人共處，不論是在個人還是工作上的人際關係，我們都需要聆聽他們的想法，並讓自己與對方保持和諧的旋律，而不是試圖以自己的方式行事。

## Moonlit

月色

# EMBRACE UNCERTAINTY 擁抱不確定性

▲▼▲

　　月色朦朧的夜晚或許美麗動人，但這會讓你很難看到正在發生的狀況，尤其是在你有需要時。在非常柔和的月色下，我們根本看不清周圍發生的事。如果我們在夜間外出，而月亮正處於盈月週期的初期階段或虧月週期的後期階段，就不會有太多光線。如果出現這張牌，表示你還沒有全盤了解你所詢問的問題。可能只是因為涉及你情況的其他人仍不清楚他們想要

或不想要什麼，因此他們無法向你透露訊息。此時也可能有欺瞞的情況，這會帶來很多焦慮，甚至是恐懼。不過還有一線希望！請記住，月亮有不同的階段，即使現在你周圍的局勢不夠明亮，但隨著時間推移，一切都會被照亮而變得清晰，你會學到你需要知道的部分，最終將為你和其他人帶來療癒。

## 這張牌的其他意義

·前進的道路尚不明確。

·探索你的夢和直覺。

·相信你的感覺。

·不確定性是你目前過程中的一部分。

·行動前請先等待。

## 關於這個象徵

　　請記住，美麗的月光是映照在陰月上的陽日，它是男性能量和女性能量的結合。

## Moon Madness
月之癲狂

# AVOID DRAMA 避開紛亂

▲▼▲

　　現在你很容易把所有精力都投入在紛亂的事件裡，甚至讓人感覺有點過頭了。你正在處理的是雜訊。不要上當，也不要相信大家告訴你的一切。是時候從圍繞著你的事物中抽身了。過度參與很容易掉入陷阱。你現在越是蹚渾水陷得越深，整個情況就會變得越來越緊繃。可思考一下你此時是否沒有完全考慮清楚；也許你需要平復自己的情緒，才不會偏離正

軌。退居次要位置會有幫助。溫和的呼吸練習將有助你恢復正常狀態，讓你更能好好地處理你向牌卡詢問的問題。吐氣，讓事情按自己的時間展開。涉及你問題的每個人可能都倍感壓力。請遠離紛亂的事件，因為這最終會阻礙一切。緩……緩……地吐氣，你的能量場會感謝你的！

## 這張牌的其他意義

· 太多紛亂的事件即將發生，讓人很難好好思考。

· 有人正在過度挑釁（是你嗎？）。

· 不要擔心，擔心無法改變任何事情。

· 認輸或放棄有時是最好的策略。

· 你需要相信情況會好轉。

## 關於這個象徵

　　曾有人說精神失常的起因在於睡在月光下——在整個中世紀都一直存有這樣的信念。就連莎士比亞也在《奧賽羅》（Othello）中寫道：月亮「使人發狂」。

**Moon Magic**

月亮魔法

# TRANSFORMATION 轉變

▲▼▲

　　當我們在經歷人生時，我們的目標可能有高有低。例如以你目前的狀況來說，你可能期盼的是小小的改變，但也可以將目標設定在讓每個參與其中的人都能達到全新境界的大規模轉變。此時魔法正在醞釀中，即使你還感覺不到。你有力量轉化自己的生活。請相信，無論你現在正在經歷什麼，都是抵達你想去的地方所必須經歷的路。當你抽到這張牌時，情感關

係會變得前所未有地美好，但務必要讓宇宙告訴你這段情感關係的對象是誰！可能是你目前的伴侶，也可能是其他人。但轉變是可能發生的。如果你詢問的是豐盛富足，要知道在這方面的轉變也是有可能的。無論是哪一種，你都必須相信自己有力量和能力來塑造自己的生活。一旦你這麼做，請與月亮週期保持一致。在新月時設定意圖，在滿月時進行釋放，並觀察你的生活發生轉變。

## 這張牌的其他意義

・你可以這麼做：更深入挖掘。

・你正在學習自己的力量。

・相信。

・你有力量！

・這是靈魂的測試。

## 關於這個象徵

月亮有一種神奇的特質。你正在閱讀本文，就表示你已準備好善用這項特質了。可到月光下施展一些美妙的魔法（和志同道合的人一起會更好）。

## Moon Mastery
### 月之掌控

# THE LAW OF ATTRACTION 吸引力法則

▲▼▲

　　無論你想要什麼，都可以讓它實現！相信自己和
你的創造能力。施展你的魔法。你擁有神秘的力量，
而且過去你曾使用過，如今可以再度召喚這股力量。
這張牌請你遵循吸引力法則（你越相信自己和你的創
造力，你就越會發現你實際上已經在創造了），因此
請有意識地展開行動！你為自己設定的意圖具有難以
言喻的力量！在我們開始施展魔法能量以前，我們人

類並沒有意識到自己有多強大。現在就體現你的意圖，並在你朝著目標前進時，盡可能以任何可行的方式努力去實現。首先要釐清自己的願望。一旦你清楚自己想要的目標，請在下個新月寫下你想實現的願望。光是這麼做就會激發你的意圖，並引導你下一步的行動。觀想你的夢想也有助於實現目前的目標。確信你的願望是真實的，而且「已經實現」——感受它就在你體內。你可以創造自己想要的結果。

**這張牌的其他意義**

・你過去就曾經施展過魔法，現在你還能再次施展。

・期待最好的結果，往往就能吸引最好的結果發生。

・自我懷疑會阻擋顯化。

・和愛唱反調的人保持距離。

・說出你的意圖，就能化為實相。

**關於這個象徵**

　　數千年來，女性一直利用月亮來施展魔法——現在輪到你了！記住，你只需發揮自己的魔力即可。

## Moon Maybe
月之或許

# INTUITION 直覺

▲▼▲

　　這副牌組十之八九會給你直截了當的答案,但有時你也會抽到這張牌。這或許有點令人沮喪,但它堅定地告訴你,你並不需要詢問這個問題,因為你已經知道答案,至少在內心深處你是知道的。因此,現在請花點時間閉上眼睛,深呼吸。請向你的內在尋求答案。感受你周圍的能量體。關於你的處境,你的直覺告訴你什麼?此時出現的任何感受都應該是中性的

（真正的直覺是不帶情緒的）。在你抽到這張牌時，請你盡量少用理性思考，而是多考慮自己內心和本能的感受。你的感覺永遠不會誤導你。有些人將直覺視為某種「像宇宙般遙不可及的事」。然而事實上，直覺並沒有那麼遙遠，而是很正常的事。幾乎所有的成功人士都知道何時他們的直覺正試圖透露訊息，而且知道忽視直覺會帶來危險。因此，請深入探索（先不要試著抽另一張牌！）：你的直覺此時正在告訴你什麼？

## 這張牌的其他意義

・冥想，看看會浮現什麼想法。

・你對這種情況的感受是準確的。

・你的直覺在告訴你什麼？

・恐懼會破壞直覺。

・在月光下與女神塞勒涅（Selena）連結。

## 關於這個象徵

月亮女神塞勒涅是這張牌背後的靈魂——據說塞勒涅是月亮的化身。在占星學中，月亮與直覺有關（其他的暫且不提）。

## Moon Memories
### 月亮回憶

# THE PAST 過去

▲▼▲

　　無論你現在正在經歷什麼，都受到過去回憶的強烈影響。或許這與童年接收到的指令有關——例如，過去有人說你不夠好（但你現在很棒！），或過去沒有足夠的錢來滿足你的需求（但你現在已經有足夠的錢！）。這些過去的事情影響著我們的現在，也進而影響我們的未來。抽到這張牌表示你需要誠實地面對過去的哪些情況對你的現在產生了負面影響，接著你

需要進行清理。第一步是承認過去的某些挑戰阻礙了你前進。看清過去的真相：已經發生的事形塑了你，它可以成為你前進的跳板。透過自我成長來找到問題的解答。過去有哪些事對現在的你產生了負面影響？釐清這點，其他的一切就會逐漸真相大白。當陰暗的回憶浮現，可用較快樂的回憶取代，以此轉移注意力並快速提升你的振動／頻率。

**這張牌的其他意義**

· 克服恐懼。

· 此時治療可能會有幫助。

· 在感到有壓力時，想像自己的樂園。

· 擺脫對自己的負面信念。

· 你無法回到過去。

**關於這個象徵**

　　月亮似乎洞悉我們的過去、現在和未來。在占星學中，月亮代表我們的情感，因此她會珍惜並保護我們最珍貴的回憶。

## Moonrise

月出

# CLEANSING 淨化

▲▼▲

　　抽到這張牌，表示你已經經歷了非常艱難的時期，如今終於擺脫了困境。即使你生命中這段充滿挑戰的時期已經接近尾聲（或許可能已經抵達終點），你仍需要清理生活中的負面能量索或依附的能量。請將它們視為需要用時間和意圖沖走的能量碎片。正如我們幾乎每天晚上都能看到月亮在天空中升起，所以你也總是能夠透過一些努力來處理混亂的狀況。你需

要對你的身心靈進行淨化，否則你可能會停留在過去。坐在月光下，請月亮為你淨化。請求大天使麥可（Michael）切斷你與過去的連結。定期進行鹽浴。最重要的是，請設定意圖：你正在為自己清理過去，讓你可以面對更幸福的現在和更光明的未來。一旦完成淨化，你就能以一種你曾經以為不可能的方式重新開始。

## 這張牌的其他意義

· 這個情況中有需要清理的地方。

· 請用鼠尾草大力清理你的家。

· 你正受到淨化。

· 正直和真理將會贏得勝利。

· 與人為善，但也要非常誠實。

## 關於這個象徵

　　月出指的是月亮升到地平線以上的時候。基於各種原因，例如陰天，或月亮與太陽的相對位置，我們無法每晚都看到月亮。但她永遠都會在那裡，永遠都會可靠地升起。

## Moon Rising
### 月亮升起

# TRUTH 真相

▲▼▲

當這張牌出現時，就沒什麼好隱藏的了！真相即將大白，也或許已經大白了？但你還是需要勇於面對。據說佛陀曾說過：「有三樣事物是無法長久被掩蓋的：太陽、月亮和真相。」當這張牌出現時，唯一要做的就是對自己完全誠實。請面對現實。也許你需要多表達一點自己的感受？或許有什麼情況是你需要更誠實以待的？你是在表達自己的感受還是在隱藏，

你的真實情況是什麼？此時的你對自己和他人誠實嗎？如果你是誠實的，那這張牌就是正面的預兆，告訴你一切都會順利，因為真相終將水落石出。這張牌還有一個訊息是，真相遲早會被揭露，因此你正在奮戰的問題應該很快就會解決，但務必要保持絕對光明正大和誠實。

**這張牌的其他意義**

· 你即將得到答案。

· 嚴厲的愛有其必要性。

· 誠實為上策。

· 某人的謊言很快就會被拆穿。

· 避免誇大不實。

**關於這個象徵**

　　月亮升起聽起來很浪漫，但這個象徵帶有逐漸明朗化的意味，彷彿秘密無法保守太久。

## Moonset

月沒

# RELEASING 釋放

▲▼▲

　　是時候放手了。不論你詢問的是什麼問題，都請交由上天去處理。請放下這件事。儘管你不斷在創造自己的現實，但你的現況顯示有些事早已覆水難收。你已經盡力了，就放下吧。當你將問題交給宇宙或是上天，你就為你的最高福祉騰出了空間，讓它可以自然而然地來到。儘管你可能自認知道自己想要的是什麼，但抽到這張牌表示，你需要讓宇宙告訴你接下來

的最佳行動策略。讓「接受」這個詞成為你目前的關鍵詞。請與現狀共舞。相信宇宙為你制定了驚人的計畫，因為確實如此。有時我們需要接受情況已經發生變化，即使我們還沒有做好準備。當這張牌出現時，你會感覺到這個令人情緒激動的時期正在發生變化，因此請接受現實並繼續前進。有時你只需要放手，讓神／女神接手。

## 這張牌的其他意義

· 此時緊抓著不放對你並沒有幫助。

· 相信你的高我正在處理。

· 女神就在你身邊。

· 明天又是新的一天。

· 斷捨離。

## 關於這個象徵

正如月出指的是月亮出現在地平線以上，月沒指的就是月亮消失在地平線以下，不再於天空中露面，直到另一天的到來。

## Moonshining
### 對月空談

## STAY IN INTEGRITY 保持誠信

▲▼▲

　　空談指的是胡言亂語、空洞或愚蠢的言論。這張牌的牌義之一是某人所說的都只是紙上談兵而毫無依據。這個人指的是你，還是其他人？抽到這張牌暗示可能有人已經在你腦中灌輸了不該有的想法。也許有人向你做出了他們無法或不願遵守的承諾。也或許有人對你說了一些傷人的話，而你將這看得太嚴重了；也許他們只是在挑釁。當這張牌出現時，其中一種牌

義是你應該無視他人對你說的空洞或殘酷的話語，反而該集中自己的力量並更愛自己。此外，不要成為空談的人！換句話說，在你目前所有的待人處事上都請務必以誠信行事，否則就像月亮肯定會升起一樣，業力也終究會來到，善惡終有報（這麼說並不是為了要引起恐慌，只是單純陳述事實）。

**這張牌的其他意義**

‧不要做出空洞的承諾。

‧有人正在引誘你。

‧思考一下你信任的人。

‧別讓他人的話傷害你。

‧不要把生活看得太嚴肅。

**關於這個象徵**

　　儘管英文的 moonshine 一詞可能會讓你聯想到禁酒令時期暗中非法釀造的酒，但當這個詞出現在此處時，是時候考慮它的原始意義了：有人在胡說八道嗎？

**The Moon's Moment**

月亮時刻

# SYNCHRONICITY 共時性

▲▼▲

　　當這張牌出現時，有事物正朝適合你的方向流動。一切不是已經就位，就是很快就會就位。即使你強烈相信是自己創造了現實（就像我一樣），但有時事件也會有一種幾乎是注定的感覺——而這就是其中之一。也許可以將這歸因於生命正在開展，揭露我們的靈魂在這一生中需要學習的課題。共時性正在運作。你正在你該去的地方，正在學習你需要學習的課

題。一切都如所需的安排就緒，因此請盡可能相信這個過程，並對你想要的結果保持樂觀。無論你詢問的是什麼，都要知道這並非你生活中偶然的發展，而是你人生道路上向前邁進的一步，目的是為你提供教導。你越早留意到你的課題，就能越早抵達你想去的地方。

**這張牌的其他意義**

‧神聖時刻正在開展。

‧事件如今已經有了目的。

‧你在對的時間出現在對的地點。

‧事出必有因……

‧……或者說有果就會有因。

**關於這個象徵**

　　月亮在任何時刻都確切知道她應該出現在哪裡，而你也是。

## The Moon's Reflection
月亮的倒影

## ACCEPT RESPONSIBILITY 承擔責任

▲▼▲

　　當你朝向靈性道路邁進時，為自己的行為承擔責任變得日益重要。你當下的處境反映了你目前的信念或過去的行為。這張牌的用意並不是要讓你感到沮喪或愧疚。而是要鼓勵你詢問：「為何我會創造出這樣的狀況？這種狀況對我有何幫助？」一旦你鼓起勇氣回答這些問題，就會開始發現你擁有比自己所知更多的力量。我們時時刻刻都在創造自己的生活。儘管你

可能不喜歡「凡事必有因」的想法，但所有發生的事確實幾乎都可以找到原因。可試著從這個角度來看待你目前的困境。這會讓你知道為何會發生這樣的事。如果現在有人令你心煩，請明白他們就像你的一面鏡子。請明白內在生活會反映在外在生活中，而你正走在自我主宰的道路上。

**這張牌的其他意義**

‧生命是神秘的。

‧是時候反思了。

‧為自己的情況負責。

‧從他人身上看到自己。

‧解決方案就在不遠處。

**關於這個象徵**

　　這張牌非常發人深省，因為它要你意識到自己內在的狀況會反映在外在發生的事情上。

**Moonstone**

月光石

# SLOW IT DOWN 放慢腳步

▲▼▲

你想要隨心所欲、心想事成,而且渴望心願能快速實現,但時機有時不太對。也許你早就想要某樣東西,卻被其他已經準備好的人搶得先機,反之亦然?只能說你可能需要放慢腳步。這不僅需要耐心,也需要主動放慢速度。不要逼得太緊。讓自己更強大並閃耀你的光芒。專注於你想要的事物上,而非你不想要的事物上。你比自己所知的還要強大。你詢問的問題

將會有豐碩的成果，但在等待時請保持優雅，不要企圖逼迫任何事或任何人。試圖催促任何人或任何事，急於求成對現在的你來說，不太可能會有所進展，因此請盡你所能地退後一步。可以在冥想時手握月光石，以助你保持耐心並讓事件順其自然展開。這是一種極為女性化的礦石，與月亮密切相關。請探索你的女神能量，同時保持堅強並專注於自己的力量，而非將精力耗費在你無法控制的事物上。

## 這張牌的其他意義

· 懷孕或生育。

· 愛正在進入你的生活。

· 與女性導師談話。

· 冷靜下來。

· 吐氣並放鬆。

## 關於這個象徵

　　月光石是一種真正會發光的水晶。它很強大，而且深知好事終會降臨在願意忍耐、等待的人身上。

## Moonstruck
月色撩人

# TAKE A BREATH 深呼吸

▲▼▲

　　「月色撩人（moonstruck）」一詞聽起來既夢幻
又華麗，但事實上它代表的是有點瘋狂的人！不論你
詢問的是什麼狀況，抽到這張牌表示，你可能變得執
迷或已經做過頭了。就像有人說他們為愛瘋狂。瘋
狂？這真的好嗎？這張牌附帶的訊息是：請重新腳踏
實地。如果你有點歇斯底里或裝腔作勢，現在也是改
正的時候了。請深呼吸幾次。試著理性看待自己的處

境。讓自己完全被情緒淹沒是沒有任何好處的。想想月亮的週期。月亮從新月到滿月需要整整兩週的時間。她每天一點一點地增長，直到長成美麗、完整的自我。因此，當抽到這張牌時，你也需要讓事情以更適當的節奏進行。

## 這張牌的其他意義

· 放慢腳步。

· 焦躁無濟於事。

· 深呼吸。

· 別再小題大作。

· 讓情況有時間發展。

## 關於這個象徵

英文的「moonstruck」通常指的是瘋狂地墜入愛河，以至於你無法正常思考。實際上這聽起來很迷人，在電影中看起來很棒，但在現實生活中會有點難以應付！

## The Moon's Wisdom
### 月亮的智慧

# TAKE THE LEAD 主導

▲▼▲

有時你需要的只是為自己挺身而出，而此時就是挺身而出的時刻。令人遺憾的是，在目前的情況下，如果你繼續表現得像個小孩，或是感覺自己「不如人」，那某些人就會利用他們的權力或權威來壓過你。他們這麼做是出於自己的不安全感，因此他們試圖讓自己感覺更強大。那該怎麼做？你需要採取主導，向全世界證明你可以掌控自己，以及周遭發生的

任何事。挺身而出，取得權力。你才是老大。你需要
做什麼才能扭轉局面，讓局勢對你有利？該怎麼做就
怎麼做！如果你覺得自己無能為力，那就是你還不夠
努力！如果你不能採取實際步驟，那就從能量上解決
問題。可試著做冥想，看看你的高我要告訴你什麼、
打造一個願景板，或利用想像力觀想你所尋求的結
果。請相信自己。

**這張牌的其他意義**

· 你可以的。

· 你比自己所知的還要更有智慧。

· 不要貶低自己。

· 與充滿智慧的辯才天女連結。

· 做出明智的選擇。

**關於這個象徵**

　　與月亮連結可以帶來智慧，這就是為何尤其是女
性，還有部分具有魔法的男性，與月亮合作了數千年
之久。

**New Moon**

新月

# BEGINNINGS 開端

▲▼▲

　　你可能覺得自己已經為目前的問題奮戰太久了，
但抽到這張牌表示情況並非如此。事實上，這張牌的
訊息是，從某種角度來說，你正處於一個新週期的開
始，可能是指你整體的生活，或是你正詢問的任何特
定困境。你的故事可能才剛開始，或是你所詢問的情
況已經過去了，但你正在展開新的篇章。這是一張非
常正向的牌，整體而言，這表示你正朝著正確的方向

前進，但無法保證這是你原本想要的方向！此時是展現勇氣和力量的時刻。只要你相信自己的夢想，而且你的高我知道這個夢想對你的旅程來說是最好的選擇，你就能讓夢想成真。現在是時候為你想要實現的目標而努力了，請記住，你有月亮的支持。好好考慮你想吸引什麼進入你的生活，並採取行動來加以實現。

**這張牌的其他意義**

‧「肯定」的答案即將到來。

‧追逐你的夢想。

‧重新開始。

‧你正火力全開，而且是展現在好的方面！

‧向你的高我尋求指引。

**關於這個象徵**

　　新月是月亮週期的開始，並帶來清新的能量。請具體展現出你的勇氣和力量，你將勢不可擋。

**Night Moon**

夜月

# SHADOW WORK 處理陰影

▲▼▲

　　此時請面對自己的陰暗面。關於你目前的狀況，請誠實地說出：你對自己的哪一個部分感到羞愧？是什麼引發你有這樣的感受？這些是宇宙和月球希望你現在自問的問題。我們每個人都有陰暗面，當這張牌出現時，需要好好檢視你的陰暗面。陰暗面是你害怕或感到羞愧，而且很難去愛的部分。在學會擁抱自己的陰暗面之前，它可能會妨礙你，而你現在面臨的所

有障礙幾乎可以肯定都是來自於：你不想向自己或他人承認某些事。也許你需要承認自己並不像表現出來的那麼快樂，也或許他人需要讓你知道這一點。也許你有一些陰暗的想法阻礙了你的進步，沒關係，學習去愛自己的每一個部分就是這張牌的關鍵。你所追求的結果如今就在恐懼的另一面。

**這張牌的其他意義**

・接納自己、陰影和一切。

・用愛的眼光看待自己的處境。

・釋放你對某人的怨恨。

・嘗試書寫陰影日記，以更深入了解你的問題。

・原諒自己並愛自己。

**關於這個象徵**

在心理學中，「陰影」自我的概念最初是由瑞士知名精神病學家卡爾・榮格（Carl Jung）提出的。它描述了我們拒絕和壓抑的人格面向。

## Out-of-Bounds Moon
### 出界月亮

# BOUNDARIES 界限

▲▼▲

　　是時候對你最近的行為進行全面而誠實的盤點了。你是不是做過頭了？是不是有不當的發洩行為？是否被情緒牽著走？如果你知道自己因為情緒而有不當的行為，那麼是時候好好控制局面了。請設定一些界限。儘管在目前的情況下，你可能想按自己的方式行事，但你也需要考慮其他人。如果有人越過你的界限，是時候讓他們知道了，但請採用溫和而堅定的態

度。當這張牌出現時，魔法即將發生，但你不能讓情緒淹沒你。你可能即將迎接類似奇蹟的事發生，但你的行為舉止必須支持每個參與其中的人。此時花點時間獨自冥想，將有助於你了解什麼是下一步最好的行動。在情緒失控時，你往往會趕走自己想要吸引的事物。

## 這張牌的其他意義

· 你是獨特且神奇的存在。

· 情緒過於激動。

· 避免反應過度。

· 與過去劃清界線。

· 多運用你的直覺。

## 關於這個象徵

在占星學中，當月亮的赤緯大於北緯或南緯 23 度 27 分時，稱為行星「出界」（Out of Bounds）。出生時月亮出界的人，往往比他們所在領域的其他人更加耀眼出色。

## Quicksilver Moon
變幻莫測之月

# CHANGES 改變

▲▼▲

　　沒有什麼會永遠不變。如果你想要改變,那很值得開心!然而,如果你還在執著一個很可能已經結束的情況,那這張牌是在溫和地建議你放下控制。目前的狀況還沒有完全確定。可能會是好事,所以請保持開放。也請密切注意各種徵兆;尤其是留意你聽到的下一首歌,其中是否有關於你問題的訊息?如果你對自己的現狀不滿意,好消息是變化正在醞釀中,所以

請不要放棄。現在看起來陷入僵局的事，很快就會變得柔軟有彈性。如果你希望改變目前狀況的走向，這張牌表示你可以，請採取行動！如果改變的想法令你擔心，那就試著對宇宙保有一點信心。可設定這樣的意圖：「不論接下來發生什麼事，都符合我的最高福祉」。這張牌有部分的訊息是：沒有什麼是永恆不變的。事件一直都在持續變動中。

## 這張牌的其他意義

· 改變或許是現在無可避免的。

· 可期待美好的事物到來。

· 很快就會得到答案。

· 向睿智的女性尋求建議。

· 不要執著於過去。

## 關於這個象徵

　　請記住，如果沒有意外的話，事情將會有所變化。正如俗話所說，月亮教導我們：會歷經各種階段是正常的。

## Reach for the Moon
摘月

# GO FOR IT! 大膽嘗試！

▲▼▲

　　如果你希望用牌卡來確認是否能得償所願，那你
很幸運。這張牌帶來的訊息是：大膽嘗試！換句話
說，你已具備一切成功的條件。如果你一直懷疑或質
疑自己實現目標或完成某事的能力，這張牌在提醒
你：你是神奇且了不起的人，你應該迎接挑戰。請帶
著正面的期望前進，一切都會如你所願地發展。前方
的道路可能會讓你有點精疲力盡，而你可能需要用上

你一直擁有但自己卻不知道的資源。因此，如果事情沒有完全按照你想要的方式發展，請盡量不要感到沮喪，甚至忿恨。一切事物會以現在的方式發展都是有原因的，而部分原因很可能是因為這有助於你成長，可能是指在靈性層面。但有件事是肯定的：一定要大膽嘗試！

**這張牌的其他意義**

・不要放棄。

・設定更高的目標。

・成功已在你的掌握之中。

・挑戰可以鍛鍊品格。

・信念會使看似不可能的事成為可能。

**關於這個象徵**

　　人們會告訴你「天空是極限！」（the sky's the limit，意指無限可能），但月亮愛好者知道，設定更高的目標是很容易的，不妨大膽嘗試吧！

## Ring Around the Moon
### 月暈

# PROTECTION 保護

▲▼▲

　　這是這副牌中最吉利的牌之一，因為它向你傳達了一個非常有力的訊息：你是受到保護的。換句話說，無論接下來發生什麼事，神聖母親（通常以月亮為象徵）都會照顧你。也許有人現在正積極地與你作對，也許此時你只是受到強力的星相影響，需要與之對抗。這張牌是在提醒你：神聖母親會照顧她的孩子，現在她也會照顧你。現在你的周遭彷彿有個看不

見的力場或屏障，確保你在度過挑戰或困難時期時是安全的。不論現在發生什麼事，肯定都是為了你的最高利益而發生的，因此請信任你的所知，並盡可能地接受這個過程。目前的困境甚至可能與你的人生目標有關——也就是你此生來到這個世界的目的。也許你的問題感覺沒那麼重大；然而，它可能比你意識到的還要重要！

**這張牌的其他意義**

・你是安全的。

・讓「我很平安，而且一切都很順利」成為你的口頭禪。

・你正受到神聖的指引。

・你將會是贏家。

・神與你同在。

**關於這個象徵**

　　當月光透過數百萬個六角形冰晶反射和折射時，月亮周圍就會形成一圈圓環。如果你抬頭仰望，看到月亮周圍有一圈圓環，就知道神正在看顧著你。

## Talk to the Moon
### 與月亮對話

# COMMUNICATE 溝通

▲▼▲

　　你的前景看好，但你需要溝通，包括與你的高我、與月亮或與某人。可先從與高我溝通開始，因為這是你與世界各地所有生命連結的部分。試著和你的這部分連結是輕而易舉的。只要靜靜地坐著，詢問你的高我：「關於我的情況，我需要了解的是什麼？」請求給予答案。閉上眼睛，輕柔地呼吸，看看會浮現什麼訊息。手邊備妥一支筆和一張紙，讓你可以做筆

記，接著再回到呼吸上。你也可以在月光下進行這項練習：夜間在戶外靜靜地坐著，詢問關於這個狀況的答案。這就是這張牌的奧妙之處。然而，它也暗示著，除了用這種神奇的方式占卜答案以外，你可能還需要與現實生活中的某人交談——可能是與你的情況相關的人，也可能是其他可以幫助你的人。

### 這張牌的其他意義

‧保持溝通管道通暢。

‧對新的想法抱持開放態度。

‧多冥想。

‧提升你的直覺。

‧留意你接收到的徵兆。

### 關於這個象徵

月亮是既強大又完美的溝通管道，而且以情感為基礎，她的一切都涉及情緒感受。好好挖掘你現在的感受，答案就會浮現。

## Void Moon
### 月空

## DO NOTHING 無為

▲▼▲

　　身為非常強大的存在，你知道自己每天都在用想法和行動創造自己的現實。即便如此，抽到這張牌表示你現在什麼都不需要做。可以說這是原地踏步的時刻。至少等 24 小時後再採取進一步行動。現在不是設定意圖、許願或試圖影響任何人的時候。此時只要好好活在當下就好。冥想、做點瑜伽、在大自然中散步。你所擔心的事很可能不會顯化。據說在月空期間

展開的任何計畫都會徒勞無功，因此抽到這張牌，表示你的任何焦慮都是毫無根據的，只會對你造成更多問題。然而，如果你真心希望某件事發生，那也很有可能不會發生——至少現在還不會。你需要有耐心。這張牌本身並非負面的牌，但它確實表示目前還沒有變化發生。

## 這張牌的其他意義

・擔心無濟於事。

・沒有什麼好擔心的。

・採取行動的時間已經過去。

・讓事情依照它們自己的時間展開。

・這個情況不會有任何結果。

## 關於這個象徵

　　視你採用的是傳統還是現代對月空的定義而定，月空可能每隔幾天發生一次，也可能一年只發生幾次。無論如何，現在都是盡可能什麼也不做的時期。

**Yang Moon**

陽月

# STRENGTH 力量

▲▼▲

　　這張牌請你善用內在的資源。是時候取回你的力量了。如果某人或某事讓你感到「自己不夠好」，請想成這可能實際上是宇宙對你發起的靈魂挑戰，目的是激勵你更相信自己。這是你閃耀的時刻。你擁有實現目標所需的一切，但你需要向宇宙展現你的韌性和力量。這是你走出陰影並走向光明的時候了。此時躲在陰影裡並不會得到什麼好處。虛假的謙卑不會為你

帶來任何進展。不要小看自己，也不要試圖說服自己能力不足。你確實具備了應有的條件。現在第一步是回想你過去所有曾經歷過的重大挑戰。正是這些挑戰成就了今天的你，並讓你擁有繼續前進所需的所有資源。

**這張牌的其他意義**

‧別當壁花。

‧搶先行動。

‧此時轉變或轉型是可行的。

‧大膽一點。

‧跨出第一步。

**關於這個象徵**

　　陰／陽符號中的陽，代表我們所有人的男性能量，而陰則代表女性能量。

## Yin Moon

陰月

# ACCEPT HELP 接受協助

▲▼▲

　　你是否一直試圖獨自完成每一件事？這並非解決你目前困境的方法。你需要採取較溫和、可能較偏向合作的方法。也許你一直以來都對自己太嚴厲了？還是對他人太過嚴厲？在能量較為嚴峻時，就會出現這張牌。獨立是件好事，但有時我們會因為各種錯誤的原因而拒絕別人的幫助。請確定你現在沒有因此而感到愧疚。這張牌的建議是，你需要接受別人的協助才

能完成你的任務，或到達你想去的地方。也許你只是需要向某人尋求建議？請找一個你知道對方會溫柔回應的人。在典型的陰陽中，陰非常柔和，就像月亮一樣。此時並非堅持不退讓的時刻，而是看你能如何用軟化的態度解決問題。如果你一直在試圖推動某件事或說服某人相信某件事，請將這張牌視為要你更溫和進行的徵兆。

## 這張牌的其他意義

· 有人想幫助你。

· 用蜂蜜捕獲的蒼蠅比用醋要多（英文諺語，意指說好話比酸言酸語有用）。

· 不要固執。

· 你的自我可能會妨礙你。

· 展現出你較柔軟的一面。

## 關於這個象徵

著名的陰／陽符號，描述了看似相反的力量，實際上卻可以同心協力。它代表了世界各地所有生命的相互關聯。

# 藝術家介紹

　　亞莉・維米里歐（Ali Vermilio）拼貼藝術家兼設計師。她的星際超現實風格趣味地透過宇宙和神話象徵探索意識，並深入探討生命、來世和平行宇宙等主題。她運用拼貼畫來象徵重生，並在創作過程融合數位和手繪花飾，用於探索靈性、宇宙、自然和迷幻藝術。

網站：www.alivermilio.com

Instagram：@alivermilio

# 作者介紹

　　獲獎占星家兼《星期日泰晤士報》（Sunday Times）暢銷作家**雅思敏・伯蘭**（Yasmin Boland）出生於德國，父母是英國人／愛爾蘭人／馬爾他人，她在澳洲塔斯曼尼亞州（Tasmania）的荷伯特（Hobart）長大。擔任多年的記者和廣播電視製作人，後來開始探索占星學。

　　雅思敏目前是全球讀者最多的占星作家，而且對月亮特別感興趣。她在 2022 年被評選為百大在世最具精神影響力人物之一。是《新月許願》、《月相神諭卡》和《月亮顯化神諭卡》、《Astrology Made Easy（占星輕鬆學）》、《The Mercury Retrograde Book（水逆寶典）》等暢銷作品的作者。現居於倫敦。

🌐 **網站：www.yasminboland.com**

📷 **Instagram：@moonologydotcom**

🐦 **推特：@yasminboland**

*Also by Yasmin Boland*

國家圖書館出版品預行編目(CIP)資料

月亮訊息神諭卡：接收來自月亮與直覺女神的指引，為你的生活創造巨大的改變／雅思敏・伯蘭（Yasmin Boland）著；林惠敏譯. -- 初版. -- 新北市：大樹林出版社，2024.08
面；　公分.--（Change；15）
譯自：Moonology™ messages oracle : a 48-card deck and guidebook
ISBN 978-626-98295-9-0（平裝）

1.CST: 占卜　2.CST: 占星術

292.96　　　　　　　　　　　　　　113005381

### 大樹林學院
www.gwclass.com

系列／Change 15

# 月亮訊息神諭卡
## 接收來自月亮與直覺女神的指引，
## 為你的生活創造巨大的改變

原 書 名／Moonology™ Messages Oracle: A 48-Card Deck and Guidebook
作　　者／雅思敏・伯蘭(Yasmin Boland)
繪　　者／亞莉・維米里歐（Ali Vermilio）
翻　　譯／林惠敏
總 編 輯／彭文富
編　　輯／王偉婷
校　　對／12舟
排版設計／菩薩蠻數位文化有限公司
封　　面／張慕怡
出 版 者／大樹林出版社
營業地址／235新北市中和區中山路二段530號6樓之1
通訊地址／235新北市中和區中正路872號6樓之2
電　　話／(02) 2222-7270　　　傳　　真／(02) 2222-1270
官　　網／www.gwclass.com
E - m a i l／editor.gwclass@gmail.com
Facebook／www.facebook.com/bigtreebook
總 經 銷／知遠文化事業有限公司
地　　址／222新北市深坑區北深路三段155巷25號5樓
電　　話／02-2664-8800　　　傳　　真／02-2664-8801
初　　版／2024年8月

定價／780元・港幣：260元　　ISBN／978-626-98295-9-0

### 大樹林出版社—官網

### 大樹林学苑—微信

課程與商品諮詢

### 大樹林學院 — LINE